to Rom
War R

First impression / A' chiad clò-bhualadh: An t-Sultain 1994
© Y Lolfa Cyf., 1994

Original pictures and text:
Na dealbhan agus an teacsa o thùs:
Flann O'Riain

Additional editing:
Obair-deasachaidh a bharrachd:
Seònaid NicNèill (Janet MacNeil)

Gaelic text by:
A' Ghàidhlig le:
George Jones (Seòras Jones)

ISBN / LAGE: 0 86243 308 8

Printed and published in Wales by:
Clô-bhuailte agus foillsichte sa Chuimrigh le:
Y Lolfa Cyf., Talybont, Ceredigion SY24 5HE
e-bost ylolfa@netwales.co.uk
y we http://www.ylolfa.wales.com/
ffôn (01970) 832 304
ffacs 832 782

Cartoons: FLANN O'RIAIN
Gaelic text by: GEORGE JONES

Nota
(Note)

WARNING! — this book isn't a textbook! You will need to consult grammar books and dictionaries as well. You might also want to start a more conventional and structured Gaelic course.

Comann Luchd-Ionnsachaidh (the Learners' Society), 5 Mitchell's Lane, Inbhir Nis/Inverness IV2 3HQ Tel. 0463 711792 will be able to provide you with details of courses and other resources for learners.

But now forget all that! Relax and enjoy the gentle humour of the easiest, laziest introduction to Gaelic ever published.

Mi(se)	me
Thu(sa)	you
E(san)	he
I(se)	she

Sinn(e)	you
Sibh(se)	you (plural)
Iad(san)	they

Tha mi a' falbh a-mach	I am going out
Chan eil mi a' falbh a-mach	I am not going out
Tha iad a' tighinn	They are coming
Tha iad a' falbh	They are going
Tha mi nam ruith	I am running
Tha mise nam ruith cuideachd	I am running too
Chan eil mise nam ruith	I am not running

Tha mi	I am
Tha thu	you are
Tha e/i	he/she is
Tha sinn	we are
Tha sibh	you are
Tha iad	they are
Tha a' chlann	the children are

Chan eil mi	I am not
Chan eil thu	you are not
Chan eil e/i	he/she is not
Chan eil sinn	we are not
Chan eil sibh	you are not
Chan eil iad	they are not
Chan eil a' chlann	the children are not

A-mach	Out

A bheil sibh a' tighinn?	Are you coming?
Tha sinn a' leughadh	We are reading
Chan eil mi a' bruidhinn	I am not talking
Tha sinn a' seinn	We are singing
Tha mi a' caoineadh	I am crying
Chan eil mi a' seinn	I am not singing
Tha Iain a' cluich na fidhle	Iain is playing the fiddle
Tha Pero ag ithe	Pero is eating
Tha an cat a' gàireachdainn	The cat is laughing
A' caoineadh	Crying

an/am/a' — the
am before **b,f,m** and **p**
an before other letters
a' before aspirated consonants (i.e. when a consonant has **h** following—**bh, ch, gh** etc)

Tha an nighean salach

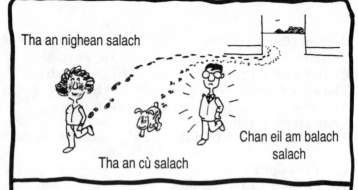

Chan eil am balach salach

Tha an cù salach

Tha am fear a' leughadh

Tha am boireannach ag obair

Tha an nighean glan

Chan eil am fear ag obair no a' leughadh nas motha

Tha an nighean salach	The girl is dirty
Tha an cù salach	The dog is dirty
Chan eil am balach salach	The boy is not dirty
Tha am boireannach ag obair	The woman is working
Tha am fear a' leughadh	The man is reading
Chan eil am fear ag obair no a' leughadh nas motha	The man is not working or reading either
Tha an nighean glan	The girl is clean
salach	dirty
boireannach	woman

13

Tha luch aig a' chat	The cat has a mouse
Tha luch agam	I have a mouse
Tha cù agam	I have a dog
Tha cù aice	She has a dog
Tha màileid aca	They have a bag
Dè a th' aca?	What have they?

Aig	with
Agam	with me
Agad	with you
Aige	with him
Aice	with her
Againn	with us
Agaibh	with you
Aca	with them
Aig a' chloinn	with the children

a' chat — aspirated form of *an cat*
a' chloinn — special form of *a' chlann* after *aig*

15

Tha fear a-muigh an sin	There is a man out there
Rug am poileas air an fhear	The police caught the man
Tha boireannach aig an doras	There is a woman at the door
Tha am boireannach a' dol a-staigh	The woman is going in

16

Nighean	Nigheanan
Balach	Balaich
Duine	Daoine

Boireannaich	Women	**Nighean**	Girl
Fir	Men	**Nigheanan**	Girls
Na fir	The men	**Balach**	Boy
Tha am fear...	The man is...	**Balaich**	Boys
Tha fear...	There is a man...	**Duine**	Person
		Daoine	Persons/people

'S e tarbh a th' ann	It is a bull
Chan e sioraf a th' ann	It is not a giraffe
'S e càmhal a th' ann	It is a camel
An e sioraf a th' ann?	Is it a giraffe?
Nach e Volkswagen a th' ann?	Isn't it a Volkswagen?
Càit a bheil e?	Where is it?

Càit a bheil e? — Where is it? if referring to a masculine noun; feminine noun—**Càit a bheil i?**

Beir air!   Catch it!

Beir air—Catch (familiar command form)
Beiribh air—Catch (formal and plural command form)

Tarraing!	Pull!
Buail!	Hit!
Tarraing e!	Pull it!

An rathad seo!	This way!
Mar seo	This way (Like this)
Bùth aodaichean nam ban	Women's clothes shop
Taigh-seinnse	Pub

A-mach à seo!	Out of here!	**A-staigh**	In
A-muigh	Outside	**Dhachaigh**	Home
A-steach an seo!	In here!	**Dhachaigh**	At home

Duine	Dà dhuine
Dà dhuine	Leth-aonan
Leth-aonan	Leth-aon

Duine   (a) person   **Leth-aonan**   twins
Dà dhuine   two people   **Leth-aon**   one twin

A h-aon (aonan)	1	A sè/sia (sèanar/sianar)	6
A dhà (dithis)	2	A seachd (seachdnar)	7
A trì (triùir)	3	A h-ochd (ochdnar)	8
A ceithir (ceathrar)	4	A naoi (naoinear)	9
A còig (còignear)	5	A deich (deichnear)	10

The forms in brackets are special forms mostly used for referring to people. In the case of 6, *sè* is the form used in southern dialects and *sia* is used in the north.

23

Fear	Man	**Fear**	Husband
Boireannach	Woman	**Bean**	Wife
Fear agus Bean	Man and Wife		

Initial changes (sometimes called 'aspiration')

b	bh (v)
c	ch (χ)
d	dh (γ)
f	fh (-)
g	gh (γ)
m	mh (v)
p	ph (f)
s	sh (h)
t	th (h)

other initial changes

a	h-a	a	t-a
e	h-e	e	t-e
i	h-i	i	t-i
o	h-o	o	t-o
u	h-u	u	t-u

| s | t-s |

Uisge   Water

Cù Dog   **A choin** Dog   **Cù!** Dog!

When addressing someone/something by name, an *a* is placed in front of the name, the first letter is aspirated—i.e. its sound is changed by the addition of a letter *h* after it, and in some words the ending changes.

Loisg air!   Fire at him / it!
Na loisgibh orm!   Don't fire at me!
Loisgibh   Fire

Eatarra   Between them

Eadar	Between	**Eadaraibh**	Between you
Eadarainn	Between us	**Eatarra**	Between them

Dà phaidhir, an e?
Chan e, trì paidhrichean
Chan eil paidhir ann!

Two pairs, is it?
No three pairs
No pair!

Teine!	Fire!
IFRINN	HELL
Tiops?	Chips?

A dhà Two
Dithis eile! Another two! (Although *dithis* should strictly only be used for referring to people, this rule is often disobeyed).

Seasaibh!	Stand!
Suidhibh!	Sit!
Laighibh!	Lie!

Loisg!	Fire!
Chan e, abraibh 'Loisgibh!'	No, say 'Fire!'
Loisgibh!	Fire!

Mionaid	A minute
60 diog	60 seconds
Mionaid	Minute
Diog	Second

Làn	Full!
Ifrinn	Hell
Bus	Bus

A' chiad duine	The first person
An dàrna duine	The second person
An treas duine	The third person
An duine mu dheireadh	The last person

Ciad	First
Dàrna	Second
Treas	Third
Ceathramh	Fourth
Còigeamh	Fifth
Sèathamh/Siathamh	Sixth
Seachdamh	Seventh
Ochdamh	Eighth
Naoidheamh	Ninth
Deicheamh	Tenth

Clach   (A) stone
Creag   (A) rock

Ciamar a theireadh sibh *sticks*?　　How would you say *sticks*?

Bataichean	Walkingsticks	**Lasadairean**	Matches
Connadh	Firewood	**Beuldath**	Lipstick

Theirinn	I would say
Theireadh tu	You would say
Theireadh e/i	S/he would say
Theireamaid	We would say
Theireadh sibh	You would say
Theireadh iad	They would say

Ciamar a theireadh sibh *knock*?

Na buail e!
Gnog!

How would you say
knock?
Don't knock it!
Knock!

Deamar a theireadh sibh *air*?

Eadhar

Oighre

Falt

Maol

How would you say *air*?

Air

Heir

Hair

Bald

Ciamar a theireadh sibh *post*? — How would you say *post*?

Post — A pole/post
Obair, a bhalaich! — A job, my boy!
Am Post — The post (mail)
Litir a chur anns a' phost — To post a letter

Ciamar a theireadh sibh *flag*?

Siolastar
Leac
Bratach

How would you say *flag*?
Yellow flag
Flagstone
Flag

Ciamar a theireadh sibh *ring*?

Fònaibh 999
Fiaclair
Buail an glag
Fàinne

How would you say *ring*?
Call (ring) 999
Dentist
Ring the bell
Ring

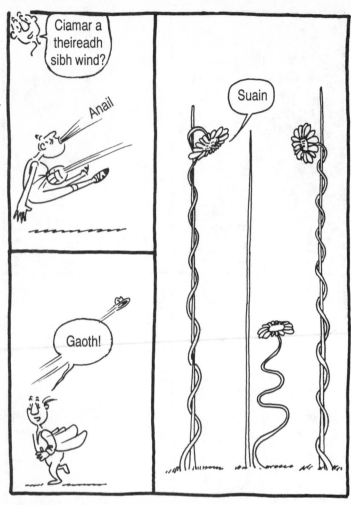

Ciamar a theireadh sibh *wind*?

Anail
Gaoth
Suain!

How would you say
wind?
Breath
Wind
Turn/Wind!

Ciamar a theireadh sibh *wild*?

How would you say *wild*?

Gaoth fhiadhaich
Beathach fiadhaich
Flùraichean fiadhaich

Wild wind
A wild animal
Wild flowers

Ciamar a theireadh sibh *row*? How would you say *row*?

Tha sinn ann an sreath		We are in a line/row	
Iomairibh!	Row!		
Iorghail	Quarrel	**Trod**	Dispute (row)
Faram	Noise (row)	**Taigh-seinnse**	Bar

Ciamar a theireadh sibh *roll*?

How would you say *roll*?

Rolla Fhrangach	French roll
Rolla silidh	Jam roll
Iain MacLeòid	Iain MacLeod
Clàr	Roll (register)

An seo!	Here!
Torman	Drum roll

Ciamar a theireadh sibh *right*?　　How would you say *right*?

Ceart　　Right (correct)
Deas　　Right
Ceàrr　　Incorrect
Ceart gu leòr?　　O.K.?

Ciamar a theireadh sibh *one*?

How would you say *one*?

A h-aon
Air leth-chois
Air leth-shùil
Aon rathad
Ifrinn

One
One-legged
One-eyed
One way
Hell

Ciamar a theireadh sibh *bow*?

Bogha
Cràbhat
Toiseach luinge
Bow-wow!

How would you say *bow*?

Bow
Bow-tie
Bow (of ship)
Bow-wow!

Ciamar a theireadh sibh *fast*?	How would you say *fast*?
Luath	Fast/Speedy
Traisg	To fast
Clis	Fast/quick
Tha grèim teann agam	I have a tight grip
Tha grèim teann agamsa cuideachd!	I also have a tight grip!

Special endings can be added to persons for emphasis:-

Agam   with me   **Agamsa**   with *me*

So also:- **Agadsa** **Aigesan** **Aicese** **Againne** **Agaibhse** **Acasan**

53

Ciamar a theireadh sibh *bill*? How would you say *bill*?
Gob Bill
Dùin do ghob! Shut your beak!
Sanasair Bill
Cunntas! Bill!

Ciamar a theireadh sibh *point*?

Gob!
Rubha
Pong!

How would you say *point*?
Point!
Point
Point!

Ciamar a theireadh sibh *bar*?

Crann
Crann-tarsainn
Bàr

How would you say
bar?
Bar
(Cross) bar
Bar/pub

57

Ciamar a theireadh sibh *sign*?	How would you say *sign*?
Tha e a' fàs coltach ri fras!	Sign of rain/Looks like rain!
Coltas na deoch	Mark of drink
Sgrìobhaibh ur n-ainm!	Sign (your name here)!
Dè tha an comharradh ag ràdh?	What does the sign say?
An aire! Toll!	Beware! Hole!
An aire! Toll eile!	Beware! Another hole!

mo	my
do	your
a/a	his/her
ar	our
ur	your
an/am	their

Some of these cause aspiration and others do not. Consult grammar books!

Ciamar a theireadh sibh *fresh*?   How would you say *fresh*?

Eadhar glan   Fresh (air)
Oiteag sgairteil   Fresh breeze
Tha mi an dèidh mi fhèin a bhearradh   I am freshly shaven
Chan eil an t-iasg ùr!   The fish is not fresh!

Ciamar a theireadh sibh *light*?

An las thu dhomh e?
SOLAS!
Tha am poca aotrom
Sìos!

How would you say *light*?
A light, please?
LIGHT!
The sack is light
Down (Alight)!

61

Ciamar a theireadh sibh *neat*?

How would you say *neat*?

Gun uisge, mas e do thoil e!

Without water, please!

Uisge-beatha	Whisky
Sgrìobhadh grinn	Nice writing
Luideach	Untidy
Grinn	Tidy
Grinn	Neat/Pretty

Tha mi nam chadal	I am asleep
Tha i na cadal	She is asleep/sleeping
Tha e na chadal	He is asleep/sleeping

Air =	on
Orm	On me
Ort	On you
Air	On him
Oirre	On her
Oirnn	On us
Oirbh	On you
Orra	On them
Air a' chloinn	On the children

Cuir salann air	Put salt on it
Cuir ceann air	Put a head on it
Cuir ceann air	Put a head on him

Amhairc air sin!   Look at that!
Amhairc air seo   Look at this
Sin   That
Seo   This

Tha mise beag!	I am small!
Tha mise mòr!	I am big!
Tha sinne beag!	We are small!
Tha iadsan mòr!	They are big!
Tha sinne mòr!	We are big!

Mise	emphatic form of *mi* (I)
Sinne	emphatic form of *sinn* (we)
Iadsan	emphatic form of *iad* (they)

Tha e ro fhada!   It is too long!

Cuir ort e!	Put it on (you)!
Cuir ort iad!	Put them on (you)!
Cuir ort i!	Put them on (you)!
Cuir ort e/i!	Wear it!
Cuir ort iad!	Wear them!

The word for 'trousers', *briogais* is singular and feminine, so they are
referred to as *i*.

Tha mi bun-os-cionn!
Chan eil mi bun-os-cionn!

Tha an dùthaich bun-os-cionn!

I am upside-down!
I am not upside-down!

The country is upside-down!

'S e a' chiad rud   First of all
Agus an uair sin   And then

Tog do làmh!

Tog do spòg!
Tog thusa do làmh, a bhugair!

Take (remove) your hand!
Remove your paw!
Remove your hand, bugger!

Na dèan an seo e!
Amar-snàmh

Don't do it here!
Swimming pool

Tha e air a dhèanamh à fiodh!   It is made of wood!
Tha e air a dhèanamh à iarann!   It is made of iron!
Tha e/i air a d(h)èanamh à...   It is made of...

cas = leg (feminine)
ceann = head (masculine)   **ball** = ball (masculine)

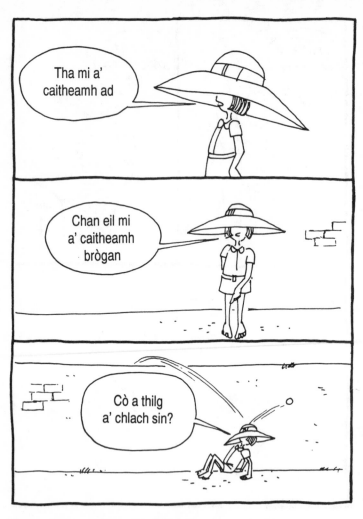

Tha mi a' caitheamh ad — I am wearing a hat
Chan eil mi a' caitheamh brògan — I am not wearing shoes
Cò a thilg a' chlach sin? — Who threw that stone?

Tilg	Throw	**Thilg mi**	I threw
Thilg	Threw	**Thilg thu**	You threw etc.

Tha i tollte	It is punctured
Tha e tollte	It is burst
Tha i tollte	There is a hole in it
Tha e tollte	There is a hole in it
Tha e/i tollte	There is a hole in it

Leig às e!
Cò a leig às iad?
Na leig às an t-uisge!

Release it!
Who released them?
Don't let the water out!

Fàilte! (Welcome!)   You are welcome!

Chan eil mòran ann   There is not much there (in it)

Tha e bog   It's soft

Leum mi ro thràth
Tha thu ro thràth
Chan eil mi ro thràth

I jumped too early
You are too early
I am not too early

Dìreach mionaid eile!   Just another minute!

Bha mi sgìth	I was tired
Bha mo mhàthair crosda	My mother was cross
Bha fear an dealain an seo	The electrician was here
Bha am pathadh orm	I was thirsty

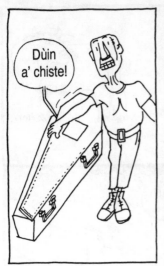

Dùin à chiste!	Close the coffin!
Dùin do bheul!	Shut your mouth!
Dùin e!	Shut it!
Bruidhinn	Talk

Cuir salann air
Cuir mullach air
Cuir gob air

Put salt on it
Put a roof on it
Put a point on it

Tha ceithir casan oirre   She has four feet
Tha ceithir casan air   It has four feet
Each   Horse

Tha e anmoch	It is late
Tha mi fadalach	I am late
Tha i fadalach	She is late
Port-Adhair	Airport
Anmoch	Late (in the day)
Fadalach	Late (for appointment)

Dè an aois a tha e?
Càit an deachaidh e?
Càit am bi iad gan dèanamh?

What age is he?
Where did he go?
Where do they make
them?

A bheil e mòr?
A bheil thu beag?
Tha e goirid!
Tha an rathad seo goirid
agus tha an rathad seo fada

Is he big?
Are you small?
It is short!
This road is short
and this road is long

A bheil mi?	Am I?
A bheil thu?	Are you?
A bheil e/i?	Is he/she?
A bheil sinn?	Are we?
A bheil sibh?	Are you?
A bheil iad?	Are they?
A bheil a' chlann?	Are the children?

Càit a bheil e a' dol?	Where is he going?
Càit a bheil sibh a' dol?	Where are you going?
Gruagaire	Hairdresser

An cuala tu am fear seo? — Did you hear this one?
Cha chuala mi rud sam bith — I didn't hear anything
An cuala tu cat? — Did you hear a cat?
An cuala mi? — Did I hear?
An cuala tu? — Did you hear? etc.
Cha chuala mi — I did not hear
Cha chuala tu — You did not hear etc.

91

Càit an robh iad?	Where were they?
Càit a bheil e?	Where is he?
Càit a bheil mo bhriogais?	Where are my trousers?

An robh mi?	Was I?
An robh thu?	Were you?
An robh e/i?	Was he/she?
An robh sinn?	Were we?
An robh sibh?	Were you?
An robh iad?	Were they?
An robh a' chlann?	Were the children?

Cò dhiúbh?	Which one?
Cò?	Who?
Càit?	Where?
Cuin?	When?
Dè?	What?
Carson?	Why?
Ciamar?	How?

Cò dhiubh?
Cò dhiubh a tha a dhìth ort?

Which (of them)?
Which one do you want?

Ciamar a dh'òlas mi?
Ciamar a dh'itheas mi?
Ciamar a their thu
how **sa Ghàidhlig?**

How shall I drink?
How shall I eat?
How do you say *how*
in Gaelic?

| Ciamar a chluicheas tu seo? | How do you play this? |
| Ciamar a chluicheas tu rugbaidh? | How do you play rugby? |

Cò tha sin?
Gnog! Gnog!

Who is there?
Knock, knock!

Cò tha shìos an sin?   Who is down there?
Cò tha shuas an sin?   Who is up there?

Tilg am ball a-nuas!
A′ bheil thu a′ tighinn a-nuas?

Pong eile!

Throw down the ball!
Are you coming
down?
Another point!

Cò leis iad seo?   Who owns these?
Cò leis i seo?   Who owns this?

Leam	With me/belonging to me
Leat	With you/belonging to you
Leatha	With her/belonging to her
Leis	With him/belonging to him
Leinn	With us/belonging to us
Leibh	With you/belonging to you
Leotha	With them/belonging to them
Le	With/by/belonging to

Càit a bheil an searbhadair?	Where is the towel?
Càit a bheil an taigh beag?	Where is the toilet?
Càit a bheil an duine agam?	Where is my husband?
Taigh-beag	Toilet

Dè an uair a tha e?   What time is it?

Cò a rinn seo?	Who did this?
Cò a rinn an tì?	Who made the tea?
Rinn mi	I did/made
Rinn thu	You did/made
	etc

A bheil lasadair agad?
A bheil sgillinn agad?
A bheil òrd agad?

Have you a match?
Have you a penny?
Have you a hammer?

A' bheil e deis fhathast?   Is it ready yet?
Chan eil i deis fhathast   She is not ready yet
Chan eil mi deis fhathast   I am not ready yet

Am faic thu mi?
Chan fhaic mi dad
Chì mi RUD

Do you see me?
I don't see anything
I see SOMETHING

Dè an t-ainm a th' orm?	What is my name?
Dè an t-ainm a th' ort?	What is your name?
Dè an t-ainm a th' air?	What is his name?
Dè an t-ainm a bh' air?	What was his name?

Orm	on me
Ort	on you
Oirre	on her
Air	on him
Oirnn	on us
Oirbh	on you
Orra	on them
Air	on

An do chuir thu a-mach an cat?   Did you put the cat out?

Na cuir sgillinn air   Don't put a penny on it

Chuir mi mustard air   I put mustard on it

Am faca tu an tèile?
Am faca sibh Jill?
Saoil am faca am polasman mi?

Did you see the one?
Did you see Jill?
Did the policeman
see me?

Bithidh e fliuch
Cha bhi e fliuch
Fliuchaidh mi an tì

It will be wet
It will not be wet
I will wet the tea

Bithidh mi	I will be
Bithidh tu	You will be
Bithidh e/i	He/She will be
Bithidh sinn	We will be
Bithidh sibh	You will be
Bithidh iad	They will be

Fliuch	Wet
Fliuchaidh mi	I will wet
Fliuchaidh tu	You will wet
Fliuchaidh e/i	He/She will wet
Fliuchaidh sinn	We will wet
Fliuchaidh sibh	You will wet
Fliuchaidh iad	They will wet

111

Coisichidh mi	I will walk
Ruithidh mi	I will run
Cha choisich mi	I will not walk
Ameireaga	America
Coisich	Walk
Coisichidh mi	I will walk
Cha choisich mi	I will not walk
An coisich mi?	Shall I walk?

Nam biodh òrd agam...	If I had a hammer...
Nam biodh gucag-uighe agam...	If I had an egg cup...
Nam biodh tiops agam...	If I had chips...
Nam biodh cìr agam...	If I had a comb...

Bhithinn	I would be
Bhitheadh tu	You would be
Bhitheadh e,i	S/he would be
Bhitheamaid	We would be
Bhitheadh sibh	You would be
Bhitheadh iad	They would be

115

Nan lìonadh e
Nan seasadh tu far an robh thu

Nan ceannaicheadh tu
pàipear-naidheachd

If the tide came in
If you stood where
you were

If you bought a
newspaper

Ma dhùisgeas e...
Ma dh'òlas mi seo...
Ma dh'fhosglas tu an doras...

If he awakens...
If I drink this...
If you open the door...

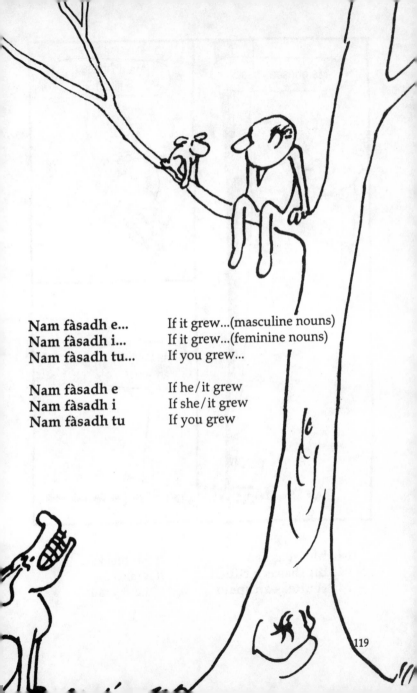

Nam fàsadh e...	If it grew...(masculine nouns)
Nam fàsadh i...	If it grew...(feminine nouns)
Nam fàsadh tu...	If you grew...

Nam fàsadh e	If he/it grew
Nam fàsadh i	If she/it grew
Nam fàsadh tu	If you grew

119

Ma bhriseas seo...   If this breaks...
Ma dh'fhàsas e fliuch...   If it rains...
Ma thuiteas an speur...   If the sky falls...

Air eagal gun tig fras

Air eagal!
Air eagal nach dùisg mi ann an àm

In case a shower comes

In case!
In case I don't wake up in time

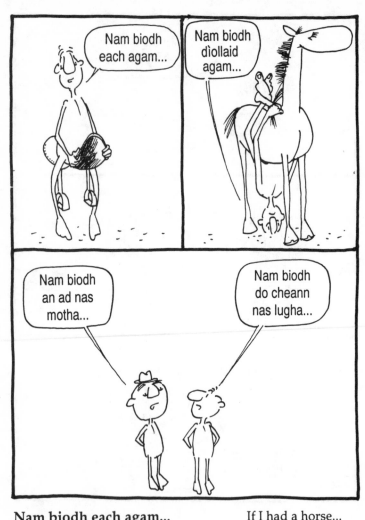

Nam biodh each agam...   If I had a horse...
Nam biodh dìollaid agam...   If I had a saddle...
Nam biodh an ad nas motha...   If the hat was larger...
Nam biodh do cheann nas lugha...   If your head was smaller...

Ma sheinneas tu...   If you sing...
Ma phògas e i...   If he kisses her...
Ma phutas tu mi...   If you give me a push...

124

Tha mi ag ithe	I am eating
Tha mi an dèidh ithe	I have eaten it
Tha mi a' briseadh clachan	I am breaking stones
Tha mi an dèidh am briseadh	I have broken them
Tha mi a' fighe stoc	I am knitting a scarf
Tha mi an dèidh a chrìochnachadh	I have finished it
Tha mi ga h-òl	I am drinking it
Tha mi an dèidh a h-òl	I have drunk it

Mo chù!	My dog!
M' athair	My father
Mo chàr!	My car!
Mo dhìnnear!	My dinner!
Mo speuclairean!	My spectacles!

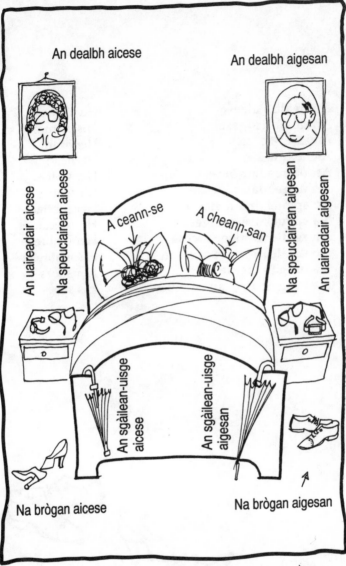

An dealbh aicese

An dealbh aigesan

An uaireadair aicese

Na speuclairean aicese

A ceann-se

A cheann-san

Na speuclairean aigesan

An uaireadair aigesan

An sgàilean-uisge aicese

An sgàilean-uisge aigesan

Na brògan aicese

Na brògan aigesan

An dealbh aicese	Her picture
An dealbh aigesan	His picture
A ceann-se	Her head
A cheann-san	His head
An uaireadair aicese	Her watch
An uaireadair aigesan	His watch
Na speuclairean aicese	Her spectacles
Na speuclairean aigesan	His spectacles
An sgàilean-uisge aicese	Her umbrella
An sgàilean-uisge aigesan	His umbrella
Na brògan aicese	Her shoes
Na brògan aigesan	His shoes

Do bhriogais	Your trousers
Do bhean	Your wife (woman)
D' earball	Your tail
Do bhall	Your ball

Chan eil cuimhn' agam	I don't remember
Nach eil cuimhn' agad air Màiri?	Don't you remember Màiri?
Chan eil cuimhn' againn	We don't remember
Stad mionaid! Tha cuimhn' aige!	Wait a minute! He remembers!
Fòn	Telephone

An urrainn dhut?	Can you / Are you able?
'S urrainn, cha chreid mi	I can, I think
Cha chreid mise gun urrainn	I don't think so
Chan urrainn dhomh	I cannot / I am not able
An urrainn dhut snàmh?	Can you swim?

NOTE: *'S urrainn, cha chreid mi* means *Yes, I think so* even though *cha chreid mi* literally means *I do not believe/think*!!! The reason for this is that it is understood to be short for a double negative, e.g. *Cha chreid mi nach urrainn dhomh* = literally, *I don't believe I cannot* = *I think I can.*

Cò tha còmhla riut?	Who's with you?
'S e 11474 a tha còmhla rium	It's 11474 who's with me
'S e 11474 an t-ainm a th'orm	11474 is my name
Cò tha còmhla ribh?	Who's with you?
'S e 11475 a tha còmhla rinn	It's 11475 who's with us
Is mise 11475. Tha mi còmhla rithese agus ris-san	I am 11475. I am with her and with him
Am b' e 11457 a bha còmhla riutha?	Was it 11457 who was with them?
Cha b' e, 's e 11475 a bh' ann.	No, it was 11475. His name is Iain
'S e Iain an t-ainm a th' air	
Tha Iain còmhla rinn	Iain is with us

Taobh a-stigh	Inside
Taobh a-staigh dhìom	Inside me
Taobh a-staigh dhìot	Inside you
Taobh a-staigh dheth	Inside him/it
Taobh a-staigh dhith	Inside her/it
Taobh a-staigh dhinn	Inside us
Taobh a-staigh dhibh	Inside you
Taobh a-staigh dhiubh	Inside them

Gu dè tha taobh a-staigh dhìot?	What is inside you?
Tha cat taobh a-staigh dhìom	There's a cat inside me
Tha mi taobh a-staigh dheth	I am inside it
Tha isean taobh a-staigh dheth	There's a chicken inside it
Tha isean taobh a-staigh dhinn	There is a chicken inside us
Gu dè tha taobh a-staigh dhibh?	What is inside you?
Gu dè tha taobh a-staigh dhith?	What is inside it?

Do	To/for
Dhomh	To me
Dhut	To you
Dhà	To him
Dhì	To her
Dhuinn	To us
Dhuibh	To you (plural)
Dhaibh	To them

Thoir dhomh sgillinn	Give me a penny
Dhìse	To her
Dhàsan	To him
Dhutsa	To you
Gu dè a fhuair thu dhuinne?	What did you get for us?
Gu dè a thug e dhuibh?	What did he give to you (plural)?
Gu dè a fhuair thu dhaibh?	What did you get for them?

NOTE the adding of enings for emphasis, eg:
dhomh — to me
dhòmhsa — to <u>me</u>

likewise **dhutsa, dhàsan, dhìse, dhuinne, dhuibhse, dhaibhsan**

Tha a h-uile duine romhpa
A bheil duine sam bith romham?
Tha ceathrar romhad
Tha triùir roimhpe
Tha dithis romhpa
A bheil duine sam bith romhainn?
Tha aon duine romhad

Everybody is before them
Is anyone before me?

There are four before you
There are three before her
There are two before them
Is there anyone before us?

One person is before you

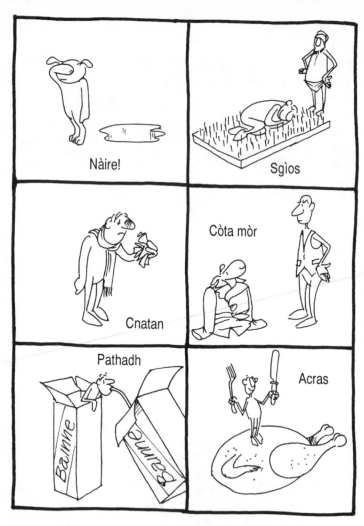

Nàire!	Shame!	**Pathadh**	Thirst
Sgìos	Tiredness	**Acras**	Hunger
Cnatan	A cold	**Bainne**	Milk
Còta mòr	A big coat (overcoat)		

Bha mi a' glanadh an t-simileir	I was cleaning the chimney
Bha thu ag òl	You were drinking
Bha sinn anns an uisge	We were in the water
Bha e anns a' bhanca	He was in the bank
Bha i am bùth a' ghruagaire	She was at the hairdresser
Bha sibh a' sabaid	You (plural) were fighting
Bha iad ann an Hawaii	They were in Hawaii

Tha mi aonaranach
Tha mi sgìth
Tha an cnatan oirre
A bheil an t-acras oirbh?
Tha sinn a' caitheamh còta mòr
Nach eil nàire ort?
Tha an t-acras orra

I am lonely
I am tired
She has a cold
Are you hungry?
We are wearing an overcoat
Aren't you ashamed?
They are hungry

143

An robh mi nam chadal?	Was I asleep?
An robh thu a-muigh?	Were you out?
An robh sibh san	Were you (plural)
ubhalghort agam?	in my orchard?
An robh e dona?	Was he bad?
An robh adhaircean air?	Did it have horns?
An robh sibh aig pàrtaidh?	Were you (plural) at a party?

Cha robh thu ag èisdeachd	You were not listening
Cha robh mi a' toirt an aire	I was not paying attention
Cha robh an cat ann	The cat was not there
Cha robh e ann an àm	He was not in time
Cha robh àite ann dhomh	There was no room for me
Cha robh uisge ann	There was no water in it
Cha robh mi	I was not
Cha robh thu	You were not
	etc

Bithidh mi an seo a ghnàth	I'm always here
Bithidh e fadalach a ghnàth	It's always late
Bithidh sinn còmhla a ghnàth	We're always together
Bithidh i san speur feadh	She's in the sky
na h-oidhche	at night
Bithidh iad ag òl	They drink
Am bi thu a' leughadh	Do you read the
an leasain Ghàidhlig?	Gaelic lesson?

Note: **Bithidh** is a habitual present tense as well as a future.

Tha gaoth ann	It's windy
Tha e teth	It's hot
Tha an t-sìde grànda	The weather is bad
Tha e brèagha	It's fine
Tha e fliuch	It's wet
Tha e glè fhliuch	It's very wet

An e baidhsaglair a bh' ann?   Was it a cyclist?
An e coisiche a bh' ann?   Was it a pedestrian?
Nach e uisge a bh' ann?   It wasn't water?
An e mèirleach a bh' ann?   Was he a thief?
An e stoirm a bh' ann?   Was it a storm?

150

Clach	Stone
Cas	Leg
Bròg	Shoe
Cearc	Hen
Gruag	Hair
Cluas	Ear
Cìr	Comb
Pàirc	Field

A' chìr	The comb
A' chearc	The hen
A' bhròg	The shoe
Cas	Leg

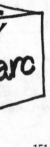

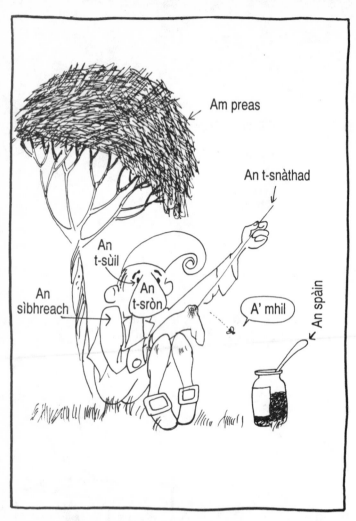

Am preas	The bush	A' mhil	The honey
An t-snàthad	The needle	An spàin	The spoon
An t-sùil	The eye	An sìbhreach	The fairy
An t-sròn	The nose		

An ugh	The egg	**An t-aran**	The bread
An aimsir	The weather	**An t-ìm**	The butter
An adharc	The horn	**An t-easbaig**	The bishop
An olann	The wool	**An t-iasgair**	The fisherman
		An t-inneal	The engine

Note: *Ugh* can be masculine or feminine according to dialect, so you could also have *An t-ugh*.

153

Tha e a' tighinn
Tha iad a' tighinn
Tha iad a' tighinn air ais
Dh'fhalbh iad

He is coming
They are coming
They are coming back
They are gone

Tha e a' dol sìos
Clonc!
Ràinig e am bonn!

Tha e a' tighinn a-nìos!

He is going down
Clunk!
He (it) has reached the
bottom!
He is coming up!

Dh'fhalbh iad	They left
Dh'fhalbh i	She left
Dh'fhalbh i	It (fem.) left

Leum i
Leum e
Leum iad
Cha do leum mise, 's ann a thuit mi!

She jumped
He jumped
They jumped
I didn't jump
- I fell!

A' caitheamh ad	Wearing a hat
Caithte	Worn out
A'smocadh	Smoking
Millte	Wasted/perished
A' cosg	Spending
Air a chosg	Spent
TRAMSGAL	LITTER

Gu h-obann
Gu mall
Gu gaisgeil

Suddenly
Slowly
Bravely/Heroically

Fosgail!	Open!
Sluig!	Swallow!
Na fosgail!	Don't open!
Na sluig!	Don't swallow!
Gabhaibh air falbh!	Depart (plural)!
Na gabh air falbh!	Don't depart!

Eisd!	Listen!
Eisdibh!	Listen (plural)!
Na èisd!	Don't listen!

Ochd uairean	Eight o'clock
Leth-uair an dèidh a h-ochd	Half past eight
Còig mionaidean gu naoi	Five to nine
Còig mionaidean gu trì	Five to three
Trì uairean	Three o'clock
Deich uairean	Ten o'clock

Leth-uair an dèidh	Half past
cairteal gu	Quarter to
Cairteal an dèidh	Quarter past
Deich mionaidean	Ten minutes
Fichead mionaid	Twenty minutes
Còig mionaidean air fhichead	Twenty five minutes

163

Nach bi thu a' caithheamh briogais aig do bhracaist? Bithidh mi a' caitheamh ad Am bi thu a' gabhail siùcair? Cha bhi Nach bi thu ag òl tì? Cha bhi Bithidh mi a' nighe mo ghruaig leis Bithidh mise a' nighe mo ghruaig le siùcar	Don't you wear trousers at breakfast? I wear a hat Do you take sugar? No Don't you drink tea? No I wash my hair with it I wash my hair with sugar

Clì	Left
Deas	Right
Ris an làimh chlì, tionndaidhibh!	To the left, turn!
Ris an làimh dheis, tionndaidhibh!	To the right, turn!
Do chas dheas	Your right foot
DO CHAS CHLI	YOUR LEFT FOOT

Thuit i	It fell
Thuit mi	I fell
Thuit iad	They fell
Thuit sinn	We fell

Tha iad a' dol suas	They are going up
Tha e a' tighinn a-nuas	He is coming down
Tha i shuas	She is up
Tha i a' tighinn a-nuas	She is coming down

Bun-sgoil   Primary school
Ard-sgoil   Secondary school
Oilthigh   University

Caibideil 1	Chapter 1
An toiseach	The Beginning
An deireadh	The end
Toiseach	Beginning/Start
Deireadh	End

DOIGH-LABHAIRT (pronunciation)

Seo mar a their thu na litrichean sa Ghàidhlig.
This is how you pronounce the letters in Gaelic.

Mar as àbhaist, thig a' bhuille air a' chiad lide.
As a rule, the stress falls on the first syllable.

a	as in 'fat'
à	long, as in 'far'
b	harder than in English, often sounding closer to Enlish 'p'
bh	like a 'v', but often silent in the middle of a word
c	similar to English, but when in the middle or at the end of a word, there is a hard breathing before the 'c'
ch	like 'ch' in J.S. Bach (X)
chd	as 'ch' (above) but followed by a hard 'k' sound
d	harder than in English, often sounding closer to English 't'. When 'broad', with tongue pressed against top teeth. When 'slender' like English 'ch'—See note on broad and slender consonants below.
dh	when slender, similar to English 'y'. When broad, similar to 'ch' sound (see above) but using voice instead of just breath.
e	Sometimes like 'e' in 'let'. Sometimes like 'a' in 'rate'.
è	As for 'e' but longer.
f	f
fh	Mostly silent. In a couple of words like English 'h' (fhathast, fhuair)
g	harder than in English, often more like English 'k'
gh	the same as 'dh'
h	h (but not when following another consonant—see

171

	combinations listed, bh, ch etc
i	like English 'ee'
ì	as for i, but longer
l	when broad, pronounced with tongue pressed against top teeth, sounding like a Russian 'l'. When slender, sometimes like 'l' in 'let', other times like 'll' in million.
m	m
mh	like 'v'. Often silent in the middle of a word.
n	Sometimes like 'n' in 'net'. Sometimes as in 'onion'. Also sometimes pronounced with tongue pressed against top teeth as for broad 'l'—see above.
o	o
ò	like 'o' but longer
p	similar to English 'p' but in the middle or at the end of a word it has a hard breathing in front of it.
ph	ph
r	r, broad more rolled than slender.
s	s
sh	h
t	Broad, pronounced with tongue pressed against top teeth. Slender more like English 'ch'. Also preceded by hard breathing sound in the middle or at the end of a word.
th	h
u	oo as in 'book'
ù	like 'u' but longer

Broad and Slender

Consonants are 'broad' when they fall next to one of the vowels **a, o** or **u.** They are slender next to **e** or **i.**

In the Same Series

LAZY WAY TO IRISH

The original Irish masterpiece by Flann Ó Riain!
0 86243 2871
£4.95

LAZY WAY TO WELSH

The popular Welsh adaptation.
0 86243 240 5
£4.95

*Available in Scottish bookshops or from
Acair Ltd., 7 James St., Stornoway,
Isle of Lewis:*

GAELIC IS FUN

A new course in Gaelic for the beginner; with 17
cartoon-lessons, exercises, basic grammar and
vocabulary. Adaptation by Colm Ó Baoill. Sold over
50,000 copies!
£3.95

Other easy Celtic language tutors from
Y Lolfa:

WELSH IS FUN

The bestselling introduction to spoken Welsh for
adults by Heini Gruffudd and Elwyn Ioan.
0 9500178 4 1
£2.95

WELSH IS FUN-TASTIC

The X-rated follow-up!
0 9500178 7 6
£2.95

IRISH IS FUN

The successful Irish adaptation by Dr Aodán Mac
Póilín. Distributed in Ireland by ÁIS Book
Distribution Centre, Dublin.
0 86243 143 3
£3.95

IRISH IS FUN-TASTIC

Those sexist cartoons now in Irish. Adaptation by Dr
Seán Ó Riain; distributed by ÁIS.
0 86243 207 3
£3.95

Of general Celtic interest:

CELTIC COOKBOOK

A collection of traditional recipes from the Celtic
nations presented by Helen Smith-Twiddy.
0 904864 50 2
£3.95

THE CELTIC REVOLUTION

Peter Berresford Ellis' popular pan-Celtic primer
surveying the history and present prospects of all six
Celtic nations.
0 86243 096 8
£4.95

*We publish many books about Welsh politics, including
Gwynfor Evans' classic* Land of My Fathers. *We have
also published two of Leopold Kohr's last—and wittiest—
books,* The Inner City *and* The Academic Inn.

For a full list of publications, send now for your free copy of our 48-page full-colour Catalogue — or just look it up on the Internet!

yLolfa

TALYBONT, CEREDIGION, CYMRU SY24 5HE
e-mail ylolfa@netwales.co.uk
internet http://www.ylolfa.wales.com/
phone (01970) 832 304
fax 832 782

NOTE: trade distribution in Scotland and other countries is handled by Drake International Services, Market House, Market Place, Deddington, Oxford, England OX15 0SE; tel. (01869) 338240, fax 338 310.